AF248127

AF248127

Oc
1435

L'ESPAGNE

ET

GIBRALTAR

PAR

LE BARON ED. DE SEPTENVILLE

Grand commandeur des ordres royaux de Charles III, d'Espagne
et de l'ordre du Christ, de Portugal.
Officier de l'ordre royal de la Couronne, d'Italie.
Chevalier des ordres de Notre-Dame-de-Guadalupe, du Mexique ; de Notre-Dame-de-
Villa-Vicosa, de Portugal ; etc.
Membre de la Société des Antiquaires de France, de l'Académie royale espagnole
d'Archéologie et de Géographie du prince Alfonse,
de l'Académie des Quirites, de Rome,
et de diverses autres Académies et Sociétés savantes de France et de l'étranger.

PARIS

E. DENTU, EDITEUR
Palais-Royal. — Galerie d'Orléans, 17 et 19.

1872

L'ESPAGNE ET GIBRALTAR

Ouvrages de M. le Baron ED. DE SEPTENVILLE

Victoires et conquêtes de l'Espagne, depuis l'occupation des Maures jusqu'à nos jours.

Histoire héroïque et chevaleresque des Alfonse d'Espagne.

Découvertes et conquêtes du Portugal dans les deux Mondes.

Étude historique sur le marquis de Pombal, 1738-1777.

Le Portugal et ses colonies.

L'intention de l'Angleterre en 1863.

Comment la Russie et la Perse peuvent anéantir l'influence anglaise en Asie.

La Russie et l'Asie centrale.

La Russie et la mer Caspienne.

La Russie et la Chine.

Les colonies danoises sous le règne de Christian IX.

Le Brésil sous la domination portugaise.

L'émigration suisse et le Brésil.

Jean de Lery ou le Brésil et Genève, 1534-1611.

Découverte d'un cimetière gallo-romain à Fontaine-le-Sec, Oisemont (Somme).

L'ESPAGNE

ET

GIBRALTAR

PAR

Le Baron ED. DE SEPTENVILLE

Grand commandeur des ordres royaux de Charles III, d'Espagne
et de l'ordre du Christ, de Portugal.
Officier de l'ordre royal de la Couronne, d'Italie.
Chevalier des ordres de Notre-Dame-de-Guadalupe, du Mexique; de Notre-Dame-de-
Villa-Vicosa, de Portugal; etc.
Membre de la Société des Antiquaires de France, de l'Académie royale espagnole
d'Archéologie et de Géographie du prince Alfonse,
de l'Académie des Quirites, de Rome,
et de diverses autres Académies et Sociétés savantes de France et de l'étranger.

PARIS

E. DENTU, ÉDITEUR

Palais-Royal. — Galerie d'Orléans, 17 et 19.

1872

L'ESPAGNE ET GIBRALTAR

L'Espagne est un de ces pays où le courage, l'héroïsme et le patriotisme sont héréditaires, et nulle contrée n'a offert aux générations présentes plus de matériaux pour la nationalité des peuples.

Des siècles de luttes acharnées et de combats sanglants sont là pour affirmer que ce noble pays ne capitulait jamais lorsqu'il s'agissait de l'intégrité de son territoire et de la défense de ses droits.

Cependant, malgré les effort sublimes de ses enfants, l'Espagne est encore esclave, et l'Angleterre abuse de sa force pour fouler aux pieds les droits sacrés des nations. — l'indépendance.

L'occupation de Gibraltar par les Anglais est inique et injuste, et depuis que l'Angleterre, dans sa déloyauté, y a planté son drapeau, les Espagnols n'ont pas cessé un seul instant de réclamer ce point de leur pays, qui est à eux, qui est un morceau de leur territoire, et qui doit leur appartenir. Que dirait donc l'Angleterre si la France tenait Douvres ?

Ne ferait-elle pas les plus grands efforts, les plus

grands sacrifices, prodiguant son or et le sang de ses enfants pour reprendre sa propriété et son indépendance ?

Elle serait dans son droit ; car, avant tout, un peuple doit être maître chez lui, et l'Angleterre devrait comprendre combien la présence de ses troupes et le son de son artillerie à Gibraltar sont odieux pour un peuple aussi chevaleresque que le peuple espagnol.

L'histoire est là, du reste, pour nous apprendre que l'Espagne a toujours revendiqué de toutes ses forces, soit par les armes, soit par des protestations énergiques, cette place, qui est terre espagnole, et qu'elle regarde, à juste titre, comme devant lui appartenir.

Quand vous défendez la vérité, a dit Goethe, ne vous lassez point de parler, l'erreur ne se lasse point d'agir.

Aussi parlerai-je ; et, puisque cette question, si grande, si délicate, si vraiment nationale et si souvent agitée, occupe de nouveau les esprits, il serait bon, pour la rendre populaire, de jeter un coup d'œil rétrospectif sur les origines de cette question.

En 1704, l'Angleterre, avec sa jalousie accoutumée, voyant avec terreur Philippe V, un Bourbon de France, s'asseoir sur le trône des Espagnes, n'osant seule s'attaquer directement à ce pays et à la France, elle réussit, par ses intrigues, à faire signer une alliance contre Philippe V et Louis XIV.

Cette ligue connue dans l'histoire sous le nom de la Grande-Alliance, se composait, outre l'Angleterre, de l'Autriche, de la Hollande, de la Prusse, de la Savoie et du Portugal.

L'Angleterre ne s'en tint pas là ; elle voulut avoir un souverain à elle et fit proclamer l'archiduc Charles sous le nom de Charles III, roi d'Espagne, et l'on put dire de lui, comme l'a si bien écrit le président Hénault dans son histoire : Charles III, par la grâce des hérétiques, roi catholique d'Espagne.

Après cette nomination, les opérations commencèrent,

L'archiduc Charles mit à la tête des troupes coalisées le prince Eugène de Savoie, et soutint d'abord avec bonheur ses prétentions illégitimes, contre les armées franco-espagnoles commandées par le duc de Vendôme.

Puis, après des victoires et des défaites balancées, l'archiduc quitta l'Italie, arriva en 1704 à Londres, et y ayant trouvé une flotte et une armée, alla débarquer en Portugal.

La flotte anglaise quitta Lisbonne et parut sur les côtes de Catalogne.

Elle se présenta devant Barcelone, comptant sur une conspiration qui devait lui en ouvrir les portes ; mais la fermeté et l'énergie du gouverneur, don Francisco de Velasco, sauvèrent la ville d'un débarquement, sans pouvoir empêcher un bombardement terrible qui incendia des maisons et tua quelques habitants.

Repoussés, les alliés tentèrent de descendre à Cadix, mais ils échouèrent de nouveau devant le courage et le patriotisme indomptables des troupes espagnoles.

Force leur fut donc de reprendre la mer, non sans pertes terribles, et la flotte arriva devant Gibraltar le 1er août 1704.

Les fortifications de cette petite place étaient fort délabrées, et la garnison ne se composait que de 80 fantassins et de 30 cavaliers.

Ils reçurent l'ordre de se rendre.

Diégo de Salinar, qui commandait cette faible troupe, ne se laissa pourtant point intimider, et, énergiquement, il refusa de se rendre.

Les Anglais aussitôt mitraillèrent la place, et le lendemain, le reste des fortifications s'étant écroulé, la garnison fut forcée de capituler.

Le duc de Darmstadt, général de l'archiduc, voulut arborer aussitôt sur les tours fumantes le drapeau impérial, mais les Anglais opposèrent l'article du traité de la Grande Alliance, où ils ne s'étaient pos oubliés.

Cet article secret stipulait :

« Qu'outre le commerce exclusif de l'Amérique, les « Anglais resteraient en possession des ports dont ils « pourraient se saisir. »

L'amiral Bings planta donc le drapeau de la Grande-Bretagne et prit possession de Gibraltar au nom de la reine Anne.

Connaissant l'importance de cette position pour son pays, Villadarias en fit bientôt le siége avec une petite troupe espagnole; mais les Anglais, ayant reçu un puissant secours, les assiégeants furent forcés de se replier.

Comme toujours, l'Angleterre travaillait pour elle-même, pour ses intérêts mercantiles, et non pour soutenir loyalement la cause de son allié, l'archiduc.

Non satisfaite d'avoir cette clef de la Méditerranée, elle voulut y ajouter la possession de Ceuta; mais cette ville africaine, qui appartenait à l'Espagne, avait dans ses murailles deux nobles cœurs, le marquis de Gironela et l'évêque don Vidal Marin.

Ces deux hommes, d'un courage à toute épreuve et remplis de cet amour patriotique qui fait les héros, repoussèrent les offres de l'Angleterre, qui voulait arriver à s'emparer de la place à prix d'or.

Voyant qu'aucune corruption ne pouvait faire sombrer ces nobles chefs, les Anglais voulurent opérer le débarquement.

Mais le marquis de Gironela et l'évêque don Vidal Marin rassemblèrent à la hâte leur faible garnison et à sa tête, forcèrent, par leur héroïque résistance, la flotte à se retirer.

Gibraltar, une fois dans les mains des Anglais, fut immédiatement fortifié et muni d'une nombreuse garnison.

En 1713, l'Angleterre, malheureuse dans cette guerre, signa la paix à Utrecht, et, dans ce traité, elle eut bien soin de parler de Gibraltar.

Entre autres articles, nous y lisons ceci :

« Afin de prévenir les abus et les fraudes qui se
« pourraient commettre par le transport des marchan-
« dises, le roi catholique veut et entend que ladite pro-
« priété soit cédée à la Grande-Bretagne, sans aucune
« juridiction territoriale et sans aucune communica-
« tion ouverte par terre avec le pays d'alentour.

« La garnison peut seulement tirer par terre des pro-
« visions des villes voisines ; mais ces provisions ne
« pourront être achetées qu'argent comptant, et au
« cas qu'on transportât des marchandises à Gibraltar,
« soit pour faire un échange avec lesdites provinces,
« soit sous quelque autre prétexte, elles seront confis-
« quées. »

D'un côté, cet abandon de Gibraltar était pénible pour l'Espagne, et, d'un autre, ces conditions rigoureuses pour l'Angleterre.

Aussi un moment ne voulut-elle pas les accepter ; mais l'Espagne, puisant sa force dans sa justice et sa loyauté, déclara formellement que, si cette clause n'était pas consentie, elle ne signerait pas la paix.

Sous la sollicitude pressante de Philippe d'Orléans, alors régent, Georges Ier promit de restituer Gibraltar.

Confiante en la parole royale, l'Espagne y comptait.

Mais le roi anglais éluda fort adroitement la question en faisant retirer sa promesse, sa parole de roi par son parlement.

A partir de ce moment, l'Angleterre fit élever à Gibraltar des fortifications formidables.

Les remparts y reçurent des canons monstrueux, des batteries souterraines à fleur d'eau, à tir plongeant ; enfin, cette place devint un poste imprenable, où furent entassées toutes les ressources de l'artillerie moderne.

Nous arrivons ainsi à l'avénement de Charles III de Bourbon sur le trône d'Espagne (1759).

Ce monarque, tout en dotant son pays de routes, de ponts, de canaux, de manufactures, d'une valeureuse armée et d'une puissante marine, voulut, avant tout, rendre l'Espagne libre.

Il entreprit d'en chasser les Anglais, et, pendant tout son règne, son unique pensée fut de reprendre Gibraltar, « ce chancre de mon royaume », comme il disait si bien.

Dès 1779, ce grand roi se mit à l'œuvre, et la flotte franco-espagnole bloquait Gibraltar.

A cette nouvelle, le cabinet de Saint-James fit faire une diversion en faisant attaquer et ravager, en Amérique, les colonies de ses ennemis.

L'escadre franco-espagnole fut alors obligée de se

séparer et une partie se dirigea dans les mers d'Amérique.

Le blocus n'en fut pas moins continué ; et, pour empêcher que la forteresse ne reçût des secours, le brave amiral don Antoine Barcelo, croisa dans la Méditerranée , tandis que don Juan de Langara surveillait l'Océan.

Tout allait bien et, comme dit M. J. Lavallée dans son histoire : « La pénurie était grande dans la ville et « la famine aurait fini par livrer Gibraltar à l'Espa- « gne ; » lorsque, le matin du 8 janvier 1780, l'amiral Langara découvrit la flotte anglaise venant à lui : l'amiral rangea ses onze vaisseaux en bataille, et attendit de pied ferme les vingt vaisseaux anglais commandés par l'amiral Rodney.

Le combat s'engagea avec acharnement de part et d'autre, et, malgré une lutte opiniâtre, la victoire fut longtemps indécise.

Une tempête affreuse sépara seule les combattants.

Toutefois, l'amiral anglais fit entrer quelques vaisseaux dans le port, et, ravitaillant ainsi la place de vivres et de munitions, l'empêcha d'ouvrir, comme elle y pensait, ses portes aux Espagnols.

Charles III ne se découragea pas de ce contre-temps ; il fit continuer, par terre et par mer, le blocus du rocher, et il enleva en même temps aux Anglais les îles Minorques qu'ils avaient également conservées.

Ce premier succès fit maintenir plus sévèrement le blocus de Gibraltar, qui parvenait ainsi à sa deuxième année.

Le duc de Crillon fut nommé généralissime de l'armée, et aussitôt à son poste, il éleva des fortifications formidables qui furent appelées Lignes espagnoles, et qui devaient couper le passage de terre aux Anglais.

Puis il installa son camp sur l'emplacement qu'on nomme Saint-Roch, et le colonel François d'Arcon fit ouvrir, dans la nuit du 15 au 16 juillet 1782, une longue tranchée qui partait du centre de la ligne espagnole, passait sous le feu de la place et allait aboutir à la mer.

Le général espagnol, Alvarez, de son côté, se mit résolûment à l'œuvre, et fit faire des épaulements de la plus grande hardiesse.

Bref, le blocus fut changé en veritable siége régulier à partir du 12 août 1782.

Les batteries du camp de Saint-Roch ouvrirent leurs feux du côté de terre, tandis que l'escadre les appuyait par mer.

Les maisons de Gibraltar furent culbutées, mais l'artillerie ne pouvait rien contre ses fortifications, ouvrages de la nature.

Le général anglais, Elliot, répondait aux feux des assiégeants avec ténacité et avantage.

Crillon, voyant que le siége n'avançait pas, vint lui-même commander l'armée, et son feu redoublé ne fit pas plus d'effet.

D'Arcon, l'intrépide et savant ingénieur, se présenta alors devant le duc de Crillon et lui proposa d'attaquer Gibraltar par mer, à l'aide de batteries flottantes qu'il venait d'inventer.

C'était pour la première fois que ces terribles engins de guere, si perfectionnés de nos jours, étaient employés, et l'invention en revient, comme on le voit, à la France.

Ces batteries consistaient alors en épais blindages, et un ingénieux mécanisme y entretenait constamment une forte humidité qui faisait s'éteindre les boulets rouges qui y pénétraient.

Mais il fallait promptement agir, et la construction de ces batteries fut fort mal exécutée : les bâtiments étaient à peine achevés qu'il fallut marcher.

Le vainqueur de Minorque, le duc de Crillon, homme d'une énergie et d'une vigueur peu communes et habitué à la victoire, trouvait que le siége traînait en longueur.

Dans la soirée du 12 septembre 1782, le noble duc, dans un mouvement d'impatience qu'il regretta bientôt, écrivit une lettre fort dure au brave amiral Ventura Moréno, commandant ces navires : « Si vous « n'attaquez pas, vous êtes un homme sans honneur », lui disait-il.

Ventura Moréno, en soldat dévoué et discipliné qu'il était, dévora l'affront porté si directement à son honneur ; mais, brave et courageux, il fit ranger, le lendemain, ses bâtiments et commença le feu sous les canons même de la forteresse.

Il fit avancer ses batteries flottantes et voulut les grouper pour attaquer de face le vieux môle, point qu'il croyait le plus faible.

Mais les bâtiments ayant un tirant d'eau trop considérable, ne purent y parvenir. Force lui fut donc de se placer devant le bastion Royal, qui renfermait les batteries les mieux montées.

L'état de la mer, peu favorable, vint encore contrarier l'amiral espagnol et l'empêcher, comme il le voulait, de concentrer ses forces sur une seule ligne pour ouvrir tous ses feux en même temps.

La fureur des vagues paralysa ses efforts, et deux batteries seulement sur dix purent se placer convenablement à 200 toises et commencer l'attaque vers dix heures du matin.

De cette façon, les huit autres perdaient à peu près l'effet de leur tir. Les deux batteries qui purent rendre leur position avantageuse et leurs ravages terribles, étaient la Tailla-Piedra, que commandait le prince de Nassau et que surveillait d'Arcon lui-même, et la Pastora, commandée par Ventura Moréno en personne. La canonnade fut furieuse et sanglante, et les Anglais firent pleuvoir une grêle de mitraille sur les navires.

Les deux premières batteries répondirent d'abord avec succès; mais elles ne pouvaient opposer que 70 canons au bastion qui les foudroyait par 280 pièces d'artillerie. La partie n'était donc pas égale.

Néanmoins, ces batteries flottantes firent de bien grands ravages sur le bastion attaqué, et si elles commirent beaucoup de dégâts, elles en éprouvèrent davantage encore.

La lutte se continuait avec acharnement et courage de part et d'autre, lorsqu'au grand étonnement de la flotte, le feu cessa du côté de Gibraltar. Il était quatre heures.

Aussitôt on crut que le général Elliot allait capituler.

Mais cette illusion fut de courte durée; ce vaillant général mettait le temps de repos à profit et toute la garnison était occupée au service des boulets rouges. Une heure après, un déluge de projectiles assaillait les canonnières.

La Talla-Piedra, au milieu de la lutte, vers les cinq heures du soir, reçut un boulet rouge qui alla se loger dans la partie sèche du bâtiment.

Personne, dans l'entraînement de l'action, ne s'en était aperçu, et, quelques instants après, le bâtiment était livré aux flammes; celles-ci se communiquèrent aux poudres, et il sauta avec son équipage.

Son explosion incendia le San-Juan, puis un troisième bâtiment.

Le général Elliot, à cet aspect, fit redoubler le feu de ses batteries.

L'amiral Ventura, après s'être battu comme un simple soldat qui cherche la mort dans l'héroïsme de la défaite, voyant que les flammes gagnaient les autres embarcations et ne voulant pas qu'elles devinssent la propriété de ses ennemis, donna l'ordre de les détruire.

Dans cette nuit de terreur, de carnage, douze cents hommes périrent et quelques autres, qui avaient réussi à se sauver à la nage, furent faits prisonniers par les Anglais.

Quant au prince de Nassau, il eut le bonheur de s'échapper et de gagner la côte.

Trois causes réunies firent donc échouer cette attaque :

La première fut l'impatience du duc de Crillon, qui ne laissa pas le temps convenable pour terminer les préparatifs et la construction des batteries flottantes.

La seconde, le trop grand tirant d'eau des bâtiments, ce qui ne permit pas au brave général Ventura Moréno de ranger ses batteries; ce qui le força d'attaquer le formidable bastion Royal, au lieu de pouvoir concentrer ses efforts sur le vieux Môle, où il eût été fortement secondé par le feu des batteries de Saint-Roch, assez considérable pour qu'ils puissent tenir en respect les trois bastions d'Orange, du Nord et de Montaigu qui couvraient le vieux Môle.

Tandis que le bastion Royal, que l'amiral espagnol attaqua, était complétement avancé dans la mer, à une

distance trap grande pour qu'il soit atteint par l'artillerie du camp.

La troisième cause fut l'état constant de la mer en
fureur qui empêcha la flotte d'appuyer efficacement
le batteries.

Depuis ce jour, en effet, il y eut de telles bourras-
ques, qu'un coup de vent enleva toutes les tentes du
camp, et culbutant l'escadre, jeta le Saint-Michel, de
70 canons, sous les batteries de Gibraltar, où il fut
forcé de se rendre.

Cet échec ne fit pas abandonner à Charles III son
projet favori.

Le roi regardait la possession de Gibraltar comme
aussi utile à l'avenir de son royaume que l'avait été la
conquête de Grenade par Ferdinand et Isabelle. Il fit
donc continuer le siége, espérant parvenir à ruiner les
ressources de la place par un blocus étroit et rigou-
reux. Le feu des canons ne se ralentit pas du côté de
la terre, mais les assiégés y répondaient rare-
ment.

Le 11 octobre 1782, l'amiral anglais Howe, met-
tant à profit une tempête violente, eut le bonheur
aussi, grâce à un temps fort brumeux, d'entrer dans la
place et de la ravitailler. Il en sortit dès le lendemain
et repassa le détroit.

Le brouillard s'étant abattu, l'amiral espagnol Cor-
dova et l'amiral français de Guiche le poursuivirent
avec trente-deux vaisseaux. Lamothe-Piquet, qui commandait l'avant-garde, engagea le combat.

L'amiral anglais fit semblant de l'accepter; mais la
nuit arrivant, il força de voiles et, le lendemain, à la
pointe du jour, il avait disparu de l'horizon avec sa
flotte tout entière. L'armée assiégeante ne se décou-

ragea pas de toutes ces longueurs ; le blocus se continua toujours avec le même entrain.

Le duc de Crillon avait hâte de prendre une revanche éclatante et de venger la perte de ses batteries flottantes. Aussi, il voulut essayer d'un nouveau moyen et se résolut à faire sauter la forteresse.

Immédiatement, il fit commencer déux mines, l'une creusée du côté de terre, l'autre du côté de la Méditerranée.

La première fut ouverte pendant une nuit obscure, et comme elle était proche des retranchements anglais, Crillon ne la fit creuser que pendant la nuit.

L'obscurité nécessaire une fois arrivée, quelques détachements de travailleurs intrépides grimpaient à cette ouverture, à la faveur d'un morceau de terre éboulée, sapaient avec courage tout en observant le plus profond silence, jusqu'à la pointe du jour, puis se retiraient.

La seconde était encore d'un abord plus difficile ; du côté de la pointe d'Europe, le rocher de Gibraltar est à pic, et les mineurs étaient obligés de prendre des échelles pour arriver à leur but. Le duc de Crillon espérait fermement et attendait avec une vive impatience que l'entreprise fût terminée.

Il y eût réussi, de l'aveu même du brave Elliot, si la paix ne fût venue brusquement arrêter ces travaux.

Le général anglais, qui aimait le courage, voulut serrer la main du duc de Crillon.

Il profita des préliminaires de la paix et fit promener le général français sur les fortifications de la place.

Ils s'arrêtèrent devant les mines et Elliot parut fort surpris de les voir déjà si avancées. et ne put s'empêcher de dire au duc de Crillon : « Diable ! si je les avais connues, je n'aurais pas été aussi tranquille. »

A cette époque, les Anglais étaient ébranlés dans leur puissance.

Leur marine avait reçu de rudes échecs.

Les amiraux français de Suffren, de Bougainville, de Grasse, de Lamothe-Piquet, de Vaudreuil, d'Estaing, avaient lutté avec succès dans les mers d'Amérique.

Les escadres françaises partout remportaient des victoires, et l'Angleterre , atteinte dans sa fierté, fut obligée de demander la paix. Les préliminaires en furent signés à Paris en janvier 1783, elle fut conclue définitivement le 3 septembre suivant.

Nous ne nous occuperons pas des avantages que les autres puissances recueillirent à ce traité, ne parlant ici que de l'Espagne.

Charles III revendiqua sans succès ses droits sur Gibraltar, les Anglais éludant toujours la question, disant qu'ils verraient par la suite, et, pour tâcher de faire prendre patience, ils abandonnèrent à l'Espagne l'île de Minorque et la Floride.

Cette cession fut confirmée par lettres en 1786, à Londres, où les Anglais escamotèrent de nouveau la demande pressante du roi catholique en ce qui touchait Gibraltar.

Gagner du temps, voilà ce que voulait la loyale Angleterre et elle réussit, car la mort de Charles III la laissa maîtresse tranquille de Gibraltar.

Rien ne s'y passa plus d'extraordinaire jusqu'à la guerre de l'indépendance espagnole.

A ce moment encore, on entendit le canon britannique dans Gibraltar.

Le gouverneur fit sauter, sans en avoir demandé

l'autorisation à la cour de Madrid, les Lignes espagnoles dans la crainte que les Français s'en emparas-
sent, disait-il.

Ce dernier fait est inouï dans les fastes d'un peuple.

Comment ! l'Angleterre, qui prêtait à l'Espagne son
armée et son concours intéressé pour combattre Napo-
léon, pour chasser les Français de la Péninsule, se per-
mettait-elle de détruire ce qui était la propriété de son
allié ?

Cette destruction déloyale eût été un cas de guerre,
puisqu'il y avait violation des traités et du territoire.

Toute odieuse et monstrueuse qu'est cette conduite,
nous ne pouvons nous en étonner : ne savons-nous pas
comment l'Angleterre, depuis des siècles, agit avec ses
alliés ?

Nous laissons à l'histoire le soin de répondre à nos
allégations.

Depuis ce moment, la Grande-Bretagne a conservé
par la force Gibraltar, et, chaque année, elle fortifie davantage ce rocher.

Mais il ne faut pas qu'elle croie que l'Espagne ne
pense plus à ses droits impérissables et éternels.

Plusieurs Espagnols ont fait entendre leur voix devant des assemblées, en demandant que cette question
soit tranchée.

En 1864, le maréchal Narvaez s'écriait à la tribune :
« Je considère Gibraltar comme appartenant toujours
« à ma patrie, et je regrette que le gouvernement n'ait
« pas revendiqué depuis longtemps la restitution d'une
« place qui n'a été détachée de la Couronne que par
« perfidie et violence. »

Il y a, à nos yeux, des paroles encore plus frappantes
que celles du noble maréchal : ce sont celles pronon-
cées en 1863 au banquet annuel de la chambre de

Commerce de Birmingham par un membre même du Parlement anglais, M. Bright.

« Gibraltar, a dit l'honorable député, est le monu« ment d'une guerre folle et d'une paix honteuse; depuis
« cent ans la possession de Gibraltar exaspère l'Espa« gne contre nous. »

Ce n'est pas tout : il y a quelques années, plusieurs journaux nous annonçaient que M. Sagasta, alors ministre des affaires étrangères, était sur le point d'entamer des négociations officielles avec le gouvernement anglais pour la cession de Gibraltar.

Rien depuis n'est venu confirmer les nobles intentions de l'illustre homme d'Etat espagnol, si bien connu par son patriotisme.

Cependant cette noble pensée trouverait dans la Péninsule un écho enthousiaste qui ne ferait que se répercuter dans le monde entier.

Aujourd'hui, il est du devoir du nouveau gouvernement espagnol, si dignement représenté par un descendant de l'héroïque maison de Savoie de reprendre et de vider cette grave et patriotique question, si digne d'être menée à bonne fin.

Maintenant l'Angleterre rendra-t-elle Gibraltar?

Nous ne le croyons pas et pour quatre raisons :

La première, parce que cette forteresse, l'orgueil de l'Angleterre, est la clef de la Méditerranée ;

La seconde, parce que ce point est devenu encore plus important, plus productif, depuis l'ouverture du canal de Suez, la route directe de l'Inde pour les Anglais;

La troisième, parce que Gibraltar est une source de produits fort considérables pour l'Angleterre, lui servant à introduire et à écouler ses marchandises de contrebande sur le sol de l'Espagne et même du Maroc:

Et la quatrième parce que de ce point elle croit pouvoir infester l'Espagne catholique de son venin, le protestantisme.

A cette mise en demeure, un refus aigre, sera, nous le croyons, indubitablement la réponse ; mais au moins l'Espagne aura protesté contre cette possession infâme de la force brutale, au mépris du droit du faible.

Du reste, après ce refus, l'Espagne ne tardera pas à être vengée.

Il est une question qui ne tardera pas à être vidée

Comme Gibraltar, l'Angleterre s'est emparée aussi par surprise de l'île d'Héligoland, dans la mer du Nord.

Le jour n'est pas loin où la Prusse revendiquera cette île qui doit lui appartenir.

C'est là que nous attendons la fierté de l'Angleterre.

Que fera-t-elle devant la Prusse qui est la force?

Elle s'empressera de la rendre, étant incapable de lutter.

Pourquoi alors, prise d'un mouvement de retour généreux, ne ferait-elle pas pour Gibraltar, ce qu'elle fera bientôt pour Héligoland ?

Tout simplement parce qu'elle ne craint point l'Espagne et qu'elle a peur de la Prusse.

Que l'Espagne, envers et contre tous, fasse valoir la justice de son droit sur Gibraltar ; et si son droit sacré est méconnu, si son cri patriotique est étouffé, elle aura protesté avec courage et vigueur contre une tyrannie, contre une injustice qu'aucune prescription ne peut effacer du droit des nations.

Pari Imp. Kugelmann, 13, rue du Helder.

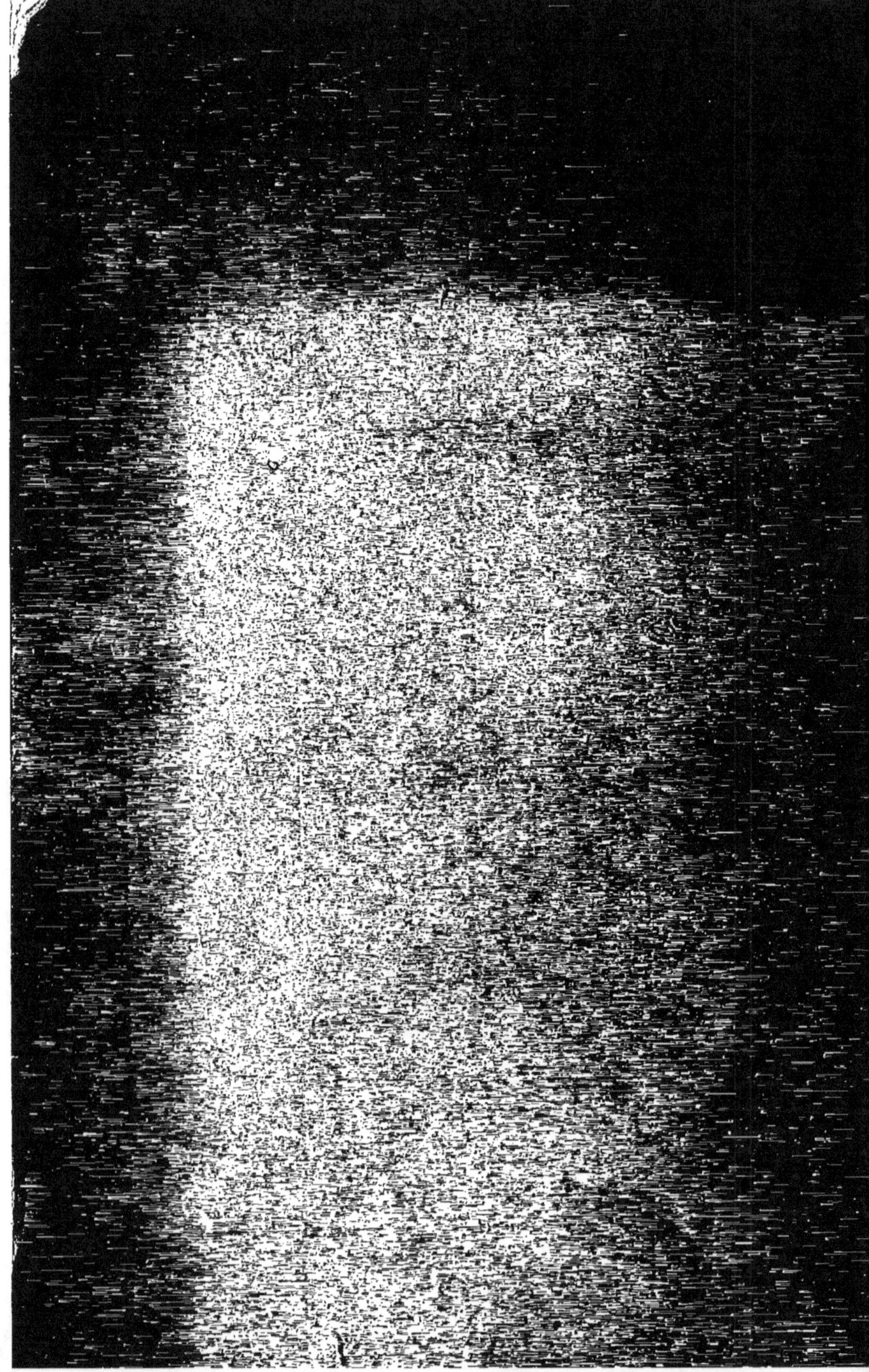

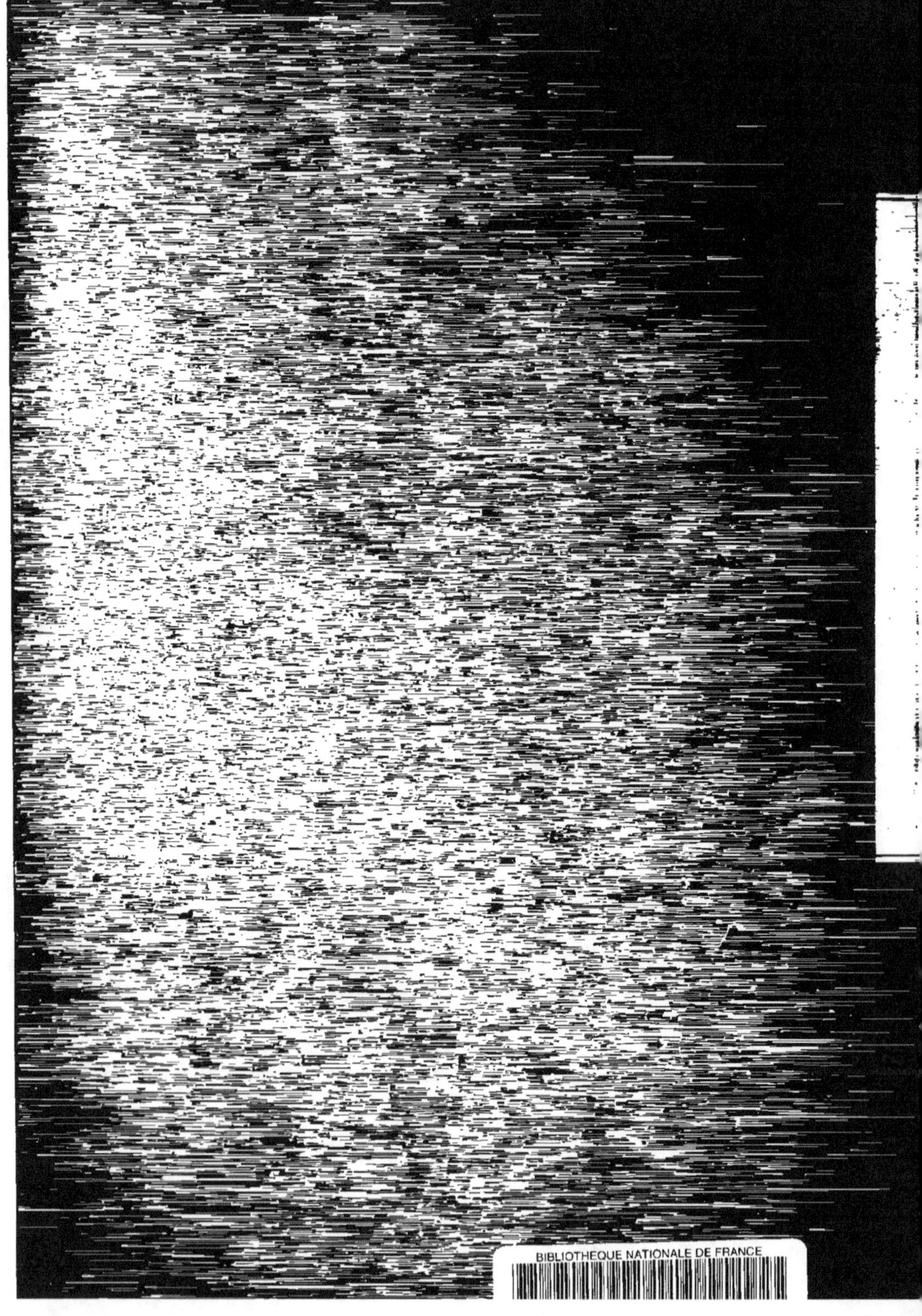